Viennoiseries d'opéras, de palais et jardins

Bojan-Ilija Schnabl

Viennoiseries d'operas, de palais et jardins

-

Promenades poétiques

en guise de guide touristique

à travers Vienne

Paris 2018

© 2018 Bojan-Ilija Schnabl
Foto couverture :
Palais Clam-Gallas à Vienne, © Bojan-Ilija Schnabl
Editeur : BoD-Books on Demand,
12/14 Rond point des Champs Élysées, 75008 Paris, France
Impression : BoD-Books on Demand, Norderstedt, Allemagne
ISBN : 978-2-322-101603
Dépôt légal: janvier 2018

I.

Palais

Palais de mon enfance I – le *Belvedere*

S'il est un palais
grandiose et intime à la fois
c'est le *Belvedere*
qui suscite cet émoi
car il est l'expression même
de toute cette joie
qu'éveillent l'art et la nature
dans une symbiose sublime.

Le parc à lui seul
transporte les vibrations
dans l'élancement de la colline.
Ce sont les parterres
ornés et sculptés
qui s'ajoutent
au concert dévoué
des arts intégrés.

Le palais quant à lui
répond à cette génialité
car par sa subtile présence
il s'impose à la postérité.

La *Sala Terrena*
symbolise à la fois
les quatre éléments
et la force et la loi,
elle initie l'escalier
d'une harmonie,
d'une gaieté
et d'une légèreté inespérée
alors que l'empire aujourd'hui
c'est l'art seul
qui l'inspire.

Ainsi le *Belvedere*
avec ses collections
est une révélation
d'un amour, d'une vision
distinguée tout autant qu'exaltée
comme le fut son maître
des temps lointains
et passés.

**Palais de mon adolescence –
le *Liechtenstein***

Ce fut un bonheur
d'une exquise élégance
que de flâner chaque jour
dans ces espaces baroques
alors que dans mon
adolescence
rébellion je prônais
car en toute évidence
l'art moderne
avec facilité
s'y intégrait
et que les cieux
ornementés à outrance
de fresques et de stucs
en compétition se mirent
avec les objets en néon,
en plastique
ou de composition.

Ce fut une joie
chaque fois
quand dans la pause de midi
je découvris,
même sans comprendre,
les artistes réunis
au *Musée d'art moderne*
qui à l'époque
au *Liechtenstein*
exhibait ses trésors
et que j'aime toujours
et encore.

Manifeste poétique : Requiem pour le *Liechtenstein*

Il est des pleurs
qui ne résonnent pas
et que l'on porte en soi
sans voix
lorsqu'une part de notre enfance
se meurt
à tout jamais
et que ne reviendra pas
cette lueur
de joie,
d'amour
et de notre adolescente
insouciance
au palais
des temps d'antan
qui fut musée
et notre école d'art,
de civilisation
et de culture esthétique
tout autant.

A ce que l'on
ne le condamne
pas.

Palais de mon enfance II – le *Clam-Gallas*

C'est le *Clam-Gallas*,
le palais de mon enfance
que toujours j'admirais
et que même tout petit
humblement
je respectais
chaque jour
que je m'y promenais.

La salle de bal
en rouge, or et blanc
de soieries somptueuses
et au lustre en cristal flamboyant
marquait mon esthétique,
pour tous les temps.

Le vase géant,
en marbre blanc
s'incrusta dans ma mémoire
comme si dans ma vie
toujours
il en serait ainsi.

La bibliothèque
sur deux niveaux
dans son intimité
en bois de cerisier
devint par sa beauté
l'essence même
d'un monde cultivé.

Et chaque fois
que j'y vais
l'escalier d'honneur
de ses proportions raffinées
dans l'élévation des mœurs
exprime tout le bonheur
où jadis encore

révérences nous faisions
à la grande dame
de la maison.

Car autrefois
ce fut mon école
que ce palais
hébergeait.

II.

Parcs et promenades

**À la Recherche du temps perdu – I
- dans le parc de mon ancienne école**

A la recherche de souvenirs
je me promène
de ça et là
et je retrouve
ces petits soupirs,
les recoins
et les rires
de mon adolescence,
telle une vie
de l'au-delà.

A la recherche de souvenirs
je ne retrouve
que le temps
à jamais révolu
tels les soupirs et les rires
de mon adolescence
qui n'est plus.

*Vienne,
au palais Clam-Gallas*

À la Recherche du temps perdu – II
- dans le parc de mon ancienne école

A la recherche de souvenirs
je me promène
de ça et là
et je retrouve
ces petits soupirs,
les recoins
et les rires
de mon adolescence,
telle une vie
de l'au-delà.

A la recherche de souvenirs
je pense à toi
mon amour
d'autrefois
et je te ressens,
comme si tu étais
encore et toujours
auprès de moi.

Vienne,
au palais Clam-Gallas

Fantaisie en buis

Tel un temple à ras de terre
mais façonné d'une dentelle en vert,
vivant aussi
bien que fort assujetti,
le buis taillé
en rectangles, cônes et sphères
symbolise à lui
le savoir faire
et la recherche d'un lien
du monde ancien
au monde nouveau
où l'homme,
toujours très proche de la nature,
mais libéré des besoins du quotidien,
dépasse enfin le potager
et savoure cette nouvelle ère
de l'opulence, l'insouciance
et pure jouissance artistique
dans un cadre pourtant
toujours mythique.

Le parterre de buis,
créé et arrangé
de façon tout à fait ludique
ou mathématique, géométrique,
intègre en lui
l'humain et le divin,
l'art et la nature
et depuis des siècles
maintenant déjà
apporte son charme
à tout jardin
exalté d'une part
autant que humble, amoureux
de la nature.

Parterre de buis
en fantaisie
vrai temple de l'amour
et de la vie.

A découvrir au Belvedere

Parterre de roses

Mer de roses
aux couleurs foisonnantes
remplies d'amour, de vie
et d'harmonie,

Pétales aux mille couleurs
changeantes
telles les astres des cieux
la nuit,

Baignées, entourées
de vert tendre
plein soleil
ou dans l'ombre
de feuilles vibrantes,

Rouge flamboyant, rose de caresses,
jaune souriant ou blanc de sagesse
et mauve inspirant
plus de nuances encore
exaltées et inouïes,
magie de paix
et d'énergie

Parterre de roses
aux parfums doux
d'un miracle infini.

*Au jardin populaire,
le « Volksgarten »*

Univers de notre destinée en miniature

Pierres fauves,
choisies
et savamment posées
les unes par rapport aux autres
d'un symbolisme élaboré.

Fleuves et mers
tout juste suggérés
alternant avec de la mousse fine
tendrement drapée.

Massifs montagneux
représentés, transposés,
devenus réels à nos yeux
seulement par notre pensée.

Océan modulé
dans un espace carré
sur un plan de cailloux
ondulé.

Jardin zen
dans un cadre délimité
représentant l'univers en miniature,
l'univers de notre destinée.

Schönbrunn, patrimoine mondial,
jardin japonais

Simmering dans l'Est lointain

Il fut un quartier méconnu,
tel un pays dans l'Est lointain révolu,
Une bourgade à l'écart
des sentiers et des phares
d'une ville pourtant bien
mondialement connue,
Un faubourg aux carrefours anciens
qui de sa gloire ouvrière
garda bien ses forteresses
d'un logement art déco raffiné
Et un parc presque baroque
d'une classe populaire
jadis à l'identité fortement affirmée.

Longtemps terrain vague maraîcher
qui ne garda de prestige
que pour ses vestiges
des immenses champs de l'éternité
Et point pour son vaste palais
de style maniérique, renaissance,
tombé très tôt en désuétude
et enchanté.

Un quartier urbain pourtant
qui de son passé projette un futur,
le bâti aux technologies de l'avenir
de manière inclusive et intégrée,
Un quartier à découvrir
tel un pays de cocagne
qui seul au premier abord
point ne le parut,
Et qui pourtant attire
de plus en plus foules et citoyens
des quatre coins du monde
les plus imprévus.

Voilà le quartier de *Simmering*
dans l'Est lointain de la ville de Vienne
au projet ambitieux
et mondialement reconnu.

Avec un clin d'œil au projet *Smarter Together*
www.smartertogether.at

Vienne - rêve et réalité

Derniers jours ensoleillés
en terrasses de cafés
comme faits
pour nous faire rêver
de cet été passé,
d'un amour sublimé
et de tout le bonheur
que nous avons pu
embrasser.
Durant l'été indien,
comme en toute saison d'ailleurs,
à *Vienne*,
le rêve est bien réalité.

*Vienne,
en terrasse de café*

Printemps divin

N'est-ce pas étrange
qu'en un moment seulement
le monde change,

N'est-ce pas magique
que d'un élan féerique
les bourgeons éclosent
et que les branches,
tels des bâtons de fées
touchent les cieux
pour tout doucement
les caresser,

N'est ce pas divin
que de voir ce festin
à chaque printemps
éternellement
se répéter ?

III.

Musées

Aquarelles blanches de Cézanne II

Lumière blanche,
toiles arrangées
de touches tendrement colorées.

Monts et ramages
un temps soit peut
à peine
suggérés.

Cieux sur terre encadrés,
divins,
d'esprit envolé
et de tendresses illimitées.

Aquarelles blanches
du Midi de la France
tant vénéré.

*Albertina, Vienne,
Inspiré par deux aquarelles intitulées
Le Château noir et le mont Sainte-Victoire,
vers 1890-1895 présentés lors de l'exposition
De Goya à Picasso, chef-d'œuvre de la collection
Jan Krugier et Marie-Anne Krugier-Poniatowski.*

Edgar Degas (1834–1917)
Plage de sable à marée basse

Le sable,
d'un ocre nuancé,
le large,
le large infini,
vert-gris,
vert tendre
vert des vagues
au loin
jamais capturées.

Le ciel turquoise
beau,
animé,
le ciel tant aimé
la grisaille aussi
et les nuages transpercés.

La plage,
le large,
la marée basse,
le calme,
essences même
de l'amour infini.

Vienne, Albertina, Collection Batliner

Fauvisme de George Braque
(*La Baie d'Anvers*, 1906)

Couleurs fauves
composées,
dures et douces
mais aliénées,

couleurs perçantes,
exaspérées,
feu dans l'âme
désespéré

et pourtant toujours
nature recherchée
si même
à l'extrême disséquée
l'espoir encore
y est inné.

*Vienne, Albertina, Collection Batliner,
exposition De Monet à Picasso.*

George Braque,
Maisons et arbre **(1907/08)**

Un paysage,
une vision,
une vue d'un certain angle
plutôt :

à l'avant plan
un tronc d'arbre
gris, noir et blanc
et quelques maisons
au centre –
dans une clairière
dirait-on,
encadrés
d'un vert profond
tel un instant fauve figé
pour l'éternité

gris, ocre et vert
ainsi se fit
cubiste et tendre
l'univers de Braque
l'imaginaire.

Vienne, 23 novembre 2008,
exposition George Braque

L'Autre monde de Braque

Si même Braque nous peignit
dans l'après-guerre,
dans l'entre-deux-guerres
et dans l'avant-guerre,
ce n'est point
la terreur
à laquelle
il se réfère,
car ses objets,
ses variations
représentent
une autre vision,
s'exaltent,
transgressent
le terre à terre,
seules les nuances
de certaines couleurs
nous rappellent le temps
de leur création.

Et si donc
c'est par la négation
que nous parlent ses formes
et ses couleurs,
c'est pourtant bien
à un autre monde
auquel il aspire,
auquel il fait allusion.

Vienne, 23 novembre 2008
exposition George Braque

Compositions de Mondrian I

Visions carrées, de rouge, jaune, bleu,
d'espaces blancs, peut-être gris, fort
dominants régis par une géométrie
composée de lignes noires, d'une symétrie
de l'angle droit, une expression de foi.

*Albertina, Vienne,
le 17 avril 2005*

Compositions de Mondrian II

Visions carrées, de rouge, jaune, bleu,
d'espaces blancs, peut-être gris, fort
dominants

Compositions régies par une géométrie de
lignes noires, d'une symétrie à l'angle droit

Voilà l'expression de foi que Mondrian créa
et révéla

A tout jamais à lui cette harmonie se
référera.

Albertina, Vienne
le 8 septembre 2005

Nicolò dell'Abate (?) 1509-1671,
Portrait d'un homme au perroquet (KHM)
ou
Quel bel gentilhomme !

Quel bel gentilhomme
debout,
la main posée sur la hanche
à l'arrière plan
une draperie vert clair,

jeune, élégant
il semble
pensif et visionnaire
et reste
immaculé
pour l'éternité
tel son perroquet
qui lui semble cher.

KHM – Musée des beaux arts
à Vienne.

**Corps à corps
au musée d'Éphèse**

Corps à corps
entrelacés,
sveltes et sensuels
d'une tendresse
à peine cachée,
un amour
au parfum d'hommes
des temps antiques
jusqu'à nos jours
et pour l'éternité
voilà
en marbre sculptés
avec tendresse
ou en bronze coulés
avec ardeur
l'amour non dit
imaginaire ou intime
à jamais glorifié.

*Vienne,
Musée d'Éphèse, Hofburg*

IV.

Viennoiseries d'amours

Amour impossible

Mon amour,
que fais-tu
de tes jours,
que fais-tu de tes rêves
lorsque
comme si souvent
en de pays lointains
je suis -
malgré moi -
et que
de ma part
seule me reste
ma pensée pour toi,
mon amour impossible
à vivre
avec toi
et que je te veux
libre
à décider
de toi
avec tout juste
une petite pensée
pour moi.

Je t'ai revu

Je t'ai revu
après vingt ans
et je frissonne
toujours
comme je
frissonnais
dans le temps,

c'est alors
que sont revenues
le images
d'antan,
mon premier amour,
mon amour
éternellement.

L'Amour pour exister

Si tu le veux bien,
donne moi du pain
à manger,
donne moi de l'eau
à boire,
amène moi au soleil
pour que je puisse voir,

mais donne-moi surtout
ton amour
pour que je puisse vivre,
exister
tout simplement
et respirer.

Partage-le,
ton amour,
ton amour
toute la vie,
ma vie
que je t'offre
ici.

Qu'est-ce un poème

Un poème
dans chaque vers
transporte un univers
d'un amour,
d'une émotion
ou d'une réflexion.

Mais un poème
est aussi
une méthode de penser
et une manière d'exprimer
des idées en condensé.

Un poème,
à travers la pure intuition,
permet même
de révéler
de nouveaux aspects
d'une réalité
jusque-là cachée
à la science déterminée
tout simplement
par l'acte sublime
et la créativité.

Un poème
est dés lors
ou pure mélodie
ou processus poétique
pour dévoiler un amour
ou une pensée philosophique.

V.

Opéras et ballets

***Anna Karenina* par Boris Eifman I**
Ballet éphémère à l'Opéra de Vienne

Deux corps
amoureux
à peine
ne se touchent,

d'un pas de deux
éphémère
s'entrelacent
dans les airs,

harmonie
d'un allegro non troppo
exprime
ce que tout âme
rêve,
ce que toute âme
espère.

*À l'Opéra de Vienne,
le 21. janvier 2010*

***Anna Karenina* par Boris Eifman II**
Ballet éphémère à l'Opéra de Vienne II

Corps sculptés
à la chaire vive –
allegro molto vivace ;

la scène battue
de pieds alignés
dans les airs
telle la fumée
tremblante,
éphémère –

dans la danse moderne
sur fond classique
tout est amour prohibé
et trop précaire.

*À l'Opéra de Vienne,
le 21. janvier 2010*

Werther – I : en attendant
ou :
Transmutation

Le vide,
le néant
dans les abysses
béants,
sombres,
rouge velours
exaspérants
et l'angoisse
de l'advenant

-

Voilà que soudain
s'illumine
l'antre
du spectacle
en or et blanc
pour devenir
dans l'instant
l'essence même
de l'espoir
renaissant

à la gloire
de l'amour
à jamais
étincelant.

L'opéra du soir,
mon amour transcendant.

*À l'Opéra de Vienne,
le 28 janvier 2011*

Werther – **IIIème acte**

Le jour
qu'adviendra le temps
du voyage
fatalement
j'aurai vécu,
j'aurai aimé,
j'aurai crée
l'histoire des chants
et sans regrets
je m'en irai
car je saurai
que point
ne finira
le temps des chants
de mon présent
au souffle du printemps.

*À l'Opéra de Vienne,
le 28 janvier 2011*

Werther – IVème acte jamais écrit

Lorsque tout se termina,
lorsque tout était fini,
ce fut la vie
qui rejaillit,
la joie
et la tendresse
du temps à l'infini
et ne restera
dans les esprits
que l'exploit
des artistes
tant applaudis.

*À l'Opéra de Vienne,
le 28 janvier 2011*

La Dame à la robe d'or

Alors que *Manon*
en coulisse déjà
s'apprête à faire
son premier voyage,
que depuis le fossé
de légers airs
s'élèvent timidement
et que le rideau de fer,
lui aussi,
disparait
pour faire vibrer
les sentiments
du moment précis
lorsque s'éteignent les feux
et qu'un instant seulement
le silence se fait
pour accueillir
le chef d'orchestre
et les chanteurs étoiles
d'une soirée animée
d'amour, d'espoir,
d'éternité,

la dame en robe d'or
au troisième rang des loges,
au centre,
seule encore,
en attendant,
semble fatiguée,
point exaltée,
s'efface déjà,
est oubliée
lors du spectacle
aux mille éclats
de l'opéra
qui lui,
restera
même lorsque le rideau
de fer
la dernière fois
se baissera.

A l'Opéra de Vienne, le 3 mars 2007 en attendant l'ouverture de Manon, magnifique œuvre de Jules Massenet.

À la galerie –
Faust et Marguerite

Aux cieux dorés
et pourpres
s'élèvent des airs
si doux
d'amour d'autrui
et tout autant
vécus
en émotions
inattendues,
des chants si purs,
de trémolos,
que seul
ce temple
nous offre
en offrandes,
si humblement
perçues.

Aux cieux dorés
et pourpres
s'élèvent bien
Faust et Marguerite
aussi.

10 février 2012
Opéra de Vienne, Faust, Charles Gounod

Salomé – **Cacophonie prémonitoire**

Cacophonie à outrance
s'élevant
de la fosse d'orchestre,
des vas et viens
d'un public
indécis –
Voilà ces moments
précis
dans l'espoir
de l'harmonie
des sons,
des voix,
des airs
de l'opéra
qui d'un instant à l'autre
pourtant explose
en douleur
du temps d'avant guerre
où il fut
écrit.

*À l'Opéra de Vienne,
le 11 mai 2012*

Un Soir de *Tosca* au programme à l'Opéra

Lorsque l'ampleur se marie à l'intimité
et que la grandeur se perpétue à l'infini
dans un élan de profonde harmonie
d'or et de blanc de grand horizon
tout autant que dans l'élévation
de la salle de spectacle et de ses balcons
et que le rouge velours flamboie au fond,
tout chant, tout chœur,
toute danse, tout pleur
de drame ou d'opéra
reçoit une alter dimension,
transporte des ondes, des vibrations
que seul ce cadre révèle
dans un bonheur éternel,
de l'art perpétuel
ou d'une vision du monde universel.

Le cadre ainsi séduit
et glorifie l'éphémère
de la musique, de la composition
ou tout simplement de la prestation,
de la présence scénique de l'artiste unique
en compétition avec soi
et l'or et la soie

transcendant eux aussi
cette communion des arts
et des artistes réunis.

La conjonction des arts
devient ainsi
bien plus que leur simple addition,
elle touche le spectateur au fond du cœur,
qui perpétue cette force créatrice
par la seule admiration,
son applaudissement,
rendant à la scène ainsi
l'élan de l'amour vécu
pour la prochaine représentation

A l'Opéra de Vienne,
avec Tosca au programme

Déambulant à l'Opéra un soir de Don Juan

Déambulant à l'Opéra
je te vis de loin déjà
déambulant tout autant
a l'entracte
fait tout juste pour cela.

Épris par la joie
qu'une soirée élégante
nous offre parfois
je mis mon regard sur toi
et tu m'embrassas
de ton regards
tendrement tout autant.

Et tous deux nous savions
que d'ores et déjà
l'Opéra gardera
un souvenir d'émoi
de toi et moi

transporté par les airs
chaque fois
que notre destin
nous y ramènera.

*A l'Opéra de Vienne,
en attendant l'ouverture de Don Giovanni.*

Incantation

Il est vrai
qu'une certaine joie profonde
m'éprends
lorsque je pense
que j'ai pu transcender
par la beauté
le triste néant,
que je fis fleurir
dans les champs de mines
de doux poèmes intimes
et que de mes plaies
et traumatismes béants
je fis surgir
pour plus d'un instant
par la seule parole,
les poèmes et les chants
l'espoir et la paix
et l'amour à jamais
renaissant.

                              Souvenir d'une vie antérieure

SOMMAIRE

I. PALAIS   5
    Palais de mon enfance I – le *Belvedere*   6
    Palais de mon adolescence – le *Liechtenstein*   8
    Manifeste poétique : Requiem pour le Liechtenstein   10
    Palais de mon enfance II – le *Clam-Gallas*   11

II. PARCS ET PROMENADES   13
    À la Recherche du temps perdu – I
    - dans le parc de mon ancienne école   14
    À la Recherche du temps perdu – II
    - dans le parc de mon ancienne école   15
    Fantaisie en buis   16
    Parterre de roses   18
    Univers de notre destinée en miniature   20
    Simmering dans l'Est lointain   22
    Vienne - rêve et réalité   24
    Printemps divin   25

III. MUSEES   27
    Aquarelles blanches de Cézanne II   28
    Edgar Degas (1834–1917)
    Plage de sable à marée basse   29
    Fauvisme de George Braque (*La Baie d'Anvers*, 1906)   30

George Braque, *Maisons et arbre* (1907/08)	31
L'Autre monde de Braque	32
Compositions de Mondrian I	34
Compositions de Mondrian II	35
Nicolò dell'Abate (?) 1509-1671	
Portrait d'un homme au perroquet (KHM) ou	
Quel bel gentilhomme !	36
Corps à corps au musée d'Éphèse	37
IV. VIENNOISERIES D'AMOURS	**38**
Amour impossible	39
Je t'ai revu	40
L'Amour pour exister	41
Qu'est-ce un poème	41
V. OPERAS ET BALLETS	**45**
Anna Karenina par Boris Eifman I	46
Anna Karenina par Boris Eifman II	47
Werther – I : en attendant, ou, Transmutation	48
Werther – IIIème acte	50
Werther – IVème acte jamais écrit	51
La Dame à la robe d'or	52
À la galerie – *Faust et Marguerite*	54
Salomé – Cacophonie prémonitoire	55
Un Soir de *Tosca* au programme à l'Opéra	56
Déambulant à l'Opéra un soir de Don Juan	58

Du même auteur

Voyages d'amour – potovanja ljubezni, Ključ, Clavis, (BiH) 2007, 201 p.,
ISBN 9958-9568-3-6

Tableaux et paysages, Rencontres poétiques avec peintres et artistes, Paris, BoD 2015, 60 p.,
ISBN 978-2-322-04162-6

Ainsi que parmi tant d'autres:

Katja Sturm-Schnabl, Bojan-Ilija Schnabl (éd.):
Enzyklopädie der slowenischen Kulturgeschichte in Kärnten/Koroška : von den Anfängen bis 1942.
[Encyclopédie de l'histoire culturelle slovène en Carinthie: Des débuts jusqu'à 1942].
Wien; Köln; Weimar: Böhlau, 2016. 3 tomes. (1603 p.), ilustr.,
ISBN 978-3-20579-673-2.